Finis-terre

Poesía

Finis-terre

DAVID POLLARD

TRADUCCIÓN
JUAN MANUEL TABÍO

INTRODUCCIÓN
JASON M. WIRTH

RIALTA EDICIONES

Título de la edición original: *Finis-terre*
Agenda Editions
Mayfield, 2015

Primera edición en español: enero de 2021

ISBN: 978-607-98884-3-5

Publicado bajo el sello Rialta Ediciones
Santiago de Querétaro
www.rialta.org

Blvd. Hacienda La Gloria #1700, Col. Hacienda La Gloria 76177
Santiago de Querétaro, México

para Blanca y Tato

Xa se oien lonxe, máis lonxe
Cada balada é un dolor

Rosalía de Castro

Tu historia es la de las olas que rompen en nuestros tobillos y, a veces, azotan nuestras caras. Una y la misma historia, una y la misma ola.

Edmond Jabès

Expresiones de gratitud

A Patricia McCarthy, de Agenda, por su confianza y apoyo inicial, y a Agenda Editions. A los de las dedicatorias por transmitir su amor a Galicia además de su amor, y especialmente a Gustavo Luca por su ayuda en la traducción. A Holger Gzella, de la Universidad de Leiden, por su ayuda con el arameo. A Katherine Russell por otorgar el permiso para usar su pintura, *Light Study*, en la portada. También, como siempre, a Lucía y Ana.

David Pollard escribe desde el fin del mundo

> Estos pensamientos ociosos pueden bloquear el silencio
> e inculcarse en ese pequeño espacio
> entre las cavidades del pensamiento
> (evita todo pensamiento de eso, siempre de eso);
> pueden desalojar la luz contra su mejor juicio
> hacia atrás como un freno que cacarea su propia derrota

¡Qué extraño y maravilloso es escribir y pensar desde el fin del mundo!

Los escritos de David Pollard evitan lo que Heidegger, siguiendo una tradición que incluía a Kierkegaard, llamó «charla superficial» [*Gerede*]. Generalmente vivimos en la negación de nuestra mortalidad y nuestro parloteo actúa como un profiláctico contra «el silencio [que puede] inculcarse en ese pequeño espacio / entre las cavidades del pensamiento». Aunque el espacio negativo en el que el silencio se inculca es pequeño –tan pequeño que la charla y el pensamiento indolente pueden infiltrarlo rápida y persistentemente– es lo suficientemente poderoso como para detener la obviedad del paso del tiempo y la visión que se abre empapada de luz. «Debajo del largo flujo de introspección / el río de Heráclito se abre camino / hacia las largas aguas que cercenan la tierra / y cada uno de nosotros hacia la escisión de nosotros mismos.»

Finis-terre, el fin del mundo, no sólo marca conclusiones definitivas. El silencio de la muerte no sólo silencia la charla ociosa de la vida cotidiana y oscurece el mundo tal como creemos que lo conocemos. Es el tiempo y el espacio de los límites que se resisten a desaparecer: fines que dan paso a nuevos comienzos y comienzos que están destinados a terminar. El silencio y la invisibilidad en el corazón de esta liminalidad, sin embargo, sigue siendo un secreto que siempre lo guarda en secreto, una oscuridad en el fundamento de la luz, una quietud en el origen que todavía impregna lo que llega a ser visto y oído.

Como el autor pasa gran parte de su tiempo en Galicia, noroeste de España, y ha navegado más allá de la Costa de la Muerte, también está familiarizado con Finisterre (*Fisterra* en gallego), que lleva el nombre del final del mundo y sobresale como una península en la extensión sin fin del Océano Atlántico. En una noche de invierno crudo es una buena metáfora del *topos* al final de la vida, el punto en el que no se puede hacer nada más salvo también por su reverso, el quiasmo de la mortalidad que es el momento que define al artista y su creatividad, porque el lenguaje poético y todos los espíritus que se ciernen sobre él aparecen concertados con el enfrentamiento de la muerte.

Después de su trabajo sobre John Keats (1795-1821), *La poesía de Keats: lenguaje y experiencia*,[1] y una bella novela, ubicada a medio camino entre la voz poética y

[1] David Pollard: *The Poetry of Keats: Language and Experience*, The Harvester Press, Sussex; Barnes and Noble Books, New Jersey,1984.

la crítica, sobre la manipulación del legado de Friedrich Nietzsche, *Nietzsche's Footfalls*,[2] Pollard ha estado escribiendo, intensa y desacomplejadamente, poesía pensativa, como si el pensamiento estuviera en juego en la palabra poética. Su poesía resuena con otros «poetas filosóficos» como Keats, Blake, Hölderlin, Celan, Jabès, Mallarmé, y el poeta estadounidense George Oppen, así como con «críticos» y «lectores» como Nietzsche, Heidegger y Blanchot. Es decididamente la suya una poesía de pensamiento.

¿Qué significa pensar como práctica de la lectura, así como de la escritura crítico-poética en la obra de Pollard? ¿De qué manera ese trabajo es filosófico, incluso si esa manera surge en el límite de lo que hemos estado acostumbrados a considerar como virtuosamente filosófico? Si la obra de Pollard es de alguna manera filosófica, ¿de qué manera preserva la brecha entre la producción filosófica y la poética? Es decir, si, como dice en su estudio de Keats, siguiendo a Heidegger, «la proximidad de la poesía y la intuición poética» –las obras de pensamiento poético y la atención filosófica-crítica hacia ellas– «deben ser respetadas, no explicadas»,[3] ¿cuál es la forma de pensar que atiende a esta proximidad que en su proximidad también pone una barrera concurrente pero hasta ahora recalcitrante?

Ciertamente, no es confundir la poesía con una manera de hacer filosofía por otros medios. La poesía busca hacer lo que sólo la poesía puede hacer, y la crítica filosófica de la poesía debe tratar de llegar a ser como el gato de Cheshire, que desaparece lentamente para que la experiencia de la poesía pueda

[2] David Pollard: *Nietzsche's Footfalls*, Geraldson Imprints, 2001.

[3] David Pollard: *The Poetry of Keats: Language and Experience*, ed. cit., p. 136.

llegar con mayor fuerza al centro fundamental. Así como la palabra «medicina» no cura a nadie, la crítica trata de ir más allá de la descripción de la imaginación para llegar al pensamiento que le permite a la imaginación crear, como condición por habernos entrometido en ese proceso.

Keats se dio cuenta de que el movimiento de la imaginación no puede ser dirigido de antemano. Debemos dejarnos ir –lo que Keats llamó «autoaniquilación»,[4] y dejar que la imaginación re-cree al mundo y a nosotros–. «La renuncia del poeta no es una renuncia a la palabra, sino una renuncia de sí mismo a la palabra; es decir, una aniquilación de la identidad en favor de la palabra, un dejar que la palabra se retenga a sí misma, porque lo que es creativo debe crearse a sí mismo».[5]

Pollard y Keats, cada uno a su manera, también descubren lo que la práctica del Zen ha llamado la Gran Muerte, es decir, el despertar a un estado de alerta que se abre paso entre los proyectos implacables de un sujeto que no se convierte en una cuestión para sí mismo. La ruptura del caparazón de la subjetividad como un punto de referencia fijo, permanente y definitivo es lo que el filósofo Nishitani Keiji, de la Escuela de Kioto apreciaba, siguiendo al gran Hakuin y otros, como el cultivo de la Gran Duda y la Gran Muerte. No debe confundirse con la duda cartesiana, que duda de todo excepto de sí misma (el engaño más dudoso y pernicioso de todos); la Gran Duda ocasiona la Gran Muerte, que no es la terminación de nuestra envoltura mortal, sino la muerte del yo como un punto de referencia. «Es como el grano cuya semilla y cáscara se rompen al madurar: la cáscara es el ego diminuto y la semilla la

[4] Ibídem, pp. 83-84.

[5] Ibídem, p. 60.

infinitud de la Gran Duda que abarca el mundo entero. Es el momento en que el yo es, al mismo tiempo, la nada del yo». Y de ahí que el Zen pronuncie: «En la Gran Muerte, el cielo y la tierra se vuelven nuevos».[6]

No sólo escribimos un poema de la forma en que nos disponemos a cambiar un neumático; tenemos que viajar hasta el fin del mundo, de la palabra, y de nosotros mismos («cada uno de nosotros es la separación de nosotros mismos»). Escribir poesía no es, por lo tanto, estrictamente hablando, algo que logremos activamente, porque algunas de las certezas fundamentales que hacen inteligible lo que estamos buscando lograr también oscurecen el evento de hacerse palabra. La poesía no es el esfuerzo concentrado de inventar aplicaciones poéticas de posiciones filosóficas. Requiere no sólo de que uno vaya al límite de uno mismo, sino también de que vaya al límite del lenguaje, al espacio liminal que mantiene unido el silencio del que surge la palabra hablada y la llegada al lenguaje de la palabra. De ahí que Keats le escribiera a Bailey que el poeta despierta y descubre que las fantasías de la imaginación son verdad, «hayan existido antes o no» y, por lo tanto, «lo que la imaginación toma como belleza debe ser la verdad».[7] Todavía se puede detectar la sensibilidad nerviosa de Keats en poetas contemporáneos como Gary Snyder:

Cómo me llega la poesía

Viene torpemente sobre los
cantos rodados en la noche, se queda
asustada fuera del

6 Keiji Nishitani: *Religion and Nothingness*, University of California Press, 1982, p. 21.

7 David Pollard: *The Poetry of Keats: Language and Experience*, ed. cit., p. 77.

alcance de mi campamento.
Voy a encontrarla en el
borde de la luz.[8]

La poesía es, por lo tanto, lo opuesto al parloteo, que busca sumergir nuestra mortalidad en el reino de lo trivial. Al leer a Pollard, experimentamos cómo el respeto por la mortalidad es una pista de lo que constituye el buen arte y la gran crítica. Su poesía, especialmente *Risk of Skin*, emplea el *kaddish*, la oración judía por los muertos. Este respeto también impregna el complejo decir poético de Pollard, que hace que la palabra poética sea poética en su sorprendente y poderoso nuevo ciclo poético. *Finis-terre* en todas partes evoca la liminalidad del «fin del mundo»: una frontera compleja donde los fines son comienzos y los comienzos son fines. Por ejemplo:

Así escribe el poeta
no con la pluma
sino con la mortalidad entre las yemas de sus dedos,
presa de las dudas que la piel comanda
a cada larga aspiración de aliento;
y, así, contra la muerte de hacer nada
puede colocar con terrible cuidado cada palabra
contra el olvido.

Y para citar otro poderoso ejemplo:

Y así el poeta, a quien falta la música para hacer algo más
que cerrar suavemente los ojos y besar el vacío,

8 Gary Snyder: *No Nature: New and Selected Poems*, Pantheon Books, Nueva York, 1992, p. 361.

sabiendo que la piel es como una cáscara de huevo para
la blancura propia de sus huesos, llora
y su lamento, sin palabras,
siempre al borde de la flagelación de las anchas aguas,
capta el ácido sabor de la dureza y su peligro
y no puede girar,
        – porque la ceguera es el secreto aquí –
y no puede girar
para ver lo que ha hecho
y dejado sin hacer
pero en ese fracaso responde
en el silencio aquí
        – y siempre, siempre, aquí –
entre las rocas rotas
y los mares que rompen en finis-terre.

Aunque, resistiendo la tentación de Orfeo de volverse y tomar posesión de Eurídice, «la ceguera es el secreto aquí», sería injusto degradar tal gesto al quietismo. Más bien, es la aspiración de abrazar y apreciar todo el espectro de la experiencia, no los restos humillados que ofrece nuestra imperante política de la charla. En la tradición Mahāyāna, el vacío, *śūnyatā*, es compasión (*karuṇā*). Para Keats, esto fue el cultivo de lo que apodó memorablemente «capacidad negativa», que es «cuando el hombre es capaz de estar en incertidumbres, misterios, dudas, sin ningún resultado incómodo después convertido en hecho o razón».[9] Lo poético no es deductivo ni inductivo. No es un embellecimiento poético de lo que es más directamente hechos o posiciones o argumentos. Lo poético hace lo que sólo lo poético puede hacer: no es filosofía, crítica o política

9 Ibídem, p. 32.

por otros medios. En una fantasía poética de una carta de Woodhouse al pintor aruinado Haydon, Pollard escribe:

Él conoce el trivium
de la magia, el silencio y el velo
que cantan en todo el estudio que él les hace
alrededor de la música de sus lagunas y lapsos,
porque, como sabemos, la noche, incluso los vientos más oscuros,
tiene lunas, resplandores y relámpagos
que rondan sus márgenes mágicos
y los condenan a ser vistos.[10]

En la universidad medieval, el *trivium* era el tercio inferior de las siete artes liberales. Los tres caminos, la lógica, la retórica y la gramática, son la mecánica de la producción de la verdad y su adecuada combinación (las tres operan en armonía), es la capacidad de expresar la verdad. Keats no opera desde la mecánica de la producción de la verdad y la filosofía virtuosa, sino desde el *trivium* de la «capacidad negativa» (magia, silencio y velo). Las afirmaciones correctas no surgen de su combinación, sino más bien los rayos que revelan el campo oscuro del cielo y las palabras que exponen el vasto campo elemental de silencio. Como Pollard expresa con fuerza en *Finis-terre*:

La medianoche, casi sin luz, también tiene sus colores.
Todos los muebles de miríadas de prismas
de cada ojo, retenidas en lo profundo
y sombras que hablan y niegan
palabras y todos sus mundos y otras verdades
de las que podemos ser liberados, apartados,

[10] David Pollard: *Risk of Skin*, Waterloo Press, Hove, 2011, p. 68.

llegar a nosotros sobre ese agudo remache de silencio.
Por lo tanto, el enorme acto de inmovilidad nos envuelve
segregados, biselados dentro del ser,
que es el milagro que las palabras pueden ayudar a realizar.

Si la filosofía o la crítica se acercan a lo poético aplicando arbitrariamente algún paradigma que se sirve a sí mismo, lo absorbe en sí mismo asimilándolo a una ideología. Tampoco lo poético se da a sí mismo para traducirse en enunciados y proposiciones supuestamente verdaderas u objetivas. Esto supone que lo poético es una forma furtiva de tales declaraciones y que la lectura lo devuelve a sus premisas filosóficas originales. Para estar atenta al texto, para «preservarlo» como Pollard lo articula en su texto sobre Keats, la filosofía debe renunciar a su virtud. Se acerca al texto en los términos que la creación exigía del poeta: la renuncia al yo y sus virtudes. «Lo que escandaliza al filósofo virtuoso, deleita al Poeta camaleón», escribió Keats a Woodhouse.[11] Leer y crear demanda recíprocamente «capacidad negativa», pero en el centro de esta capacidad está el despertar a lo misterioso, incluso monstruoso, en el corazón de los sentidos. El pensamiento poético es arriesgar la propia piel y asumir el riesgo de la piel misma.

Acercarse con la debida atención al trabajo de David Pollard no es intentar explicarlo ni siquiera comentar cada poema, como si la amplitud de los comentarios se convirtiera mágicamente en profundidad. Es más bien aferrarse a algunas de sus preciadas palabras como un intento, por modesto que sea, de hallar caminos hacia eso que hace que la experiencia de su obra sea tan gratificante. Al aferrarse a estas palabras, el

[11] David Pollard: *The Poetry of Keats: Language and Experience*, ed. cit., pp. 32 y 47.

objetivo de la crítica es, como siempre lo es en la propia crítica de Pollard, «volverse superfluas, renunciar a sí mismas a favor del texto que las puso en su camino». Proceder de esta manera es unirse a David Pollard en el fin del mundo: «Besar y fracasar / es todo lo que queda / de nuestra herencia / y menos / en esta escarpa / aquí en finis-terre».

JASON M. WIRTH

Finis-terre

Certainement subsiste une présence de Minuit

STÉPHANE MALLARMÉ

I

Lo muerto de hacer nada es mediodía;
El punto alto de espera del rápido trueno eléctrico
de una caída de sol motea y estrangula
con la repentina charla de sus lenguajes.
Aire duro, luz dura, saca la máscara de dolor
del aire austero
donde todos nuestros cuerpos se yerguen y respiran
su pulso momentáneo;
bailan en el mismo centro de la risa
con pies descalzos hacia las profundidades
del largo declive y emblema de la puesta del sol
hacia la posibilidad de todos los demás finales,
otros comienzos de la palabra
que podríamos traer sobre nosotros
sobre las afiladas rocas cerca de finis-terre.

Es última luz la que obra esto, no lo oscuro;
la promesa de última luz del mediodía,
aquí a nuestro lado, y aún más.
Este es el brillante del poeta, duro y leve,
a través del cual el prisma roto del sol, en declive,
se acerca al lenguaje, ahora,
mientras la sangre aún canta,
abrasándose contra la furia quebradiza de la arena,
ayunando de las sombras, cada hora, lentamente,
haciendo crujir su ojo para quemar cada alma
atrapada en el cobalto perdedor

y licor fuerte de la vida,
la creación simplemente se entrega.

II

Míralo caminando por el puente
de suspiros en su –por fin– cansancio
cuando la campana de las oficinas da las cinco
y el río corre como sólo un río puede correr.
Lo escuchamos –tú y yo–
en sus enigmáticos rincones secretos;
el «¿qué tal?» y «¿qué tal?».
El día a día que habla
su casi nada como de paso;
enemigo de todos nuestros acosadores de la verdad,
hace su propia despedida y baja su vista;
el que está en la hoja del tulipán muerto
que nunca necesita confesión.

Estos pensamientos ociosos pueden bloquear el silencio
e inculcarse en ese pequeño espacio
entre las cavidades del pensamiento
(evita todo pensamiento de eso, siempre de eso);
pueden desalojar la luz contra su mejor juicio
hacia atrás como un freno que cacarea su propia derrota
en una especie de alegría, dispuesto a cruzar
de una vez por todas la lenta retirada del agua larga.
Entonces, hallándonos aquí, podemos decir que los amores
/ pasados
ya no necesitan de las lágrimas con que
las solteronas recuerdan una antigua danza en
la breve ternura de una piel febril;

sólo la oración de la vela solitaria
en una mano rugosa.

El él, el neutral, neuronal
e im-pasible tiempo que grazna
su deseo contra su pico duro, romo
desgarra la carne de ojo y oído
antes de que pueda volverse hacia otro,
siempre otro que canta
y tacha las penalidades del tiempo
que se ama y se pierde.

III

Luz de las altas ventanas de las iglesias
se dispersa en el aire de oración
y lo lleva a la piedra
por encima de la arrodillada e insondable
resignación del ángel roto
emplomado a lo largo de su fulgor de esperanzas y rompe
la luz blanca en un manto de destellos
engendrado por el ojo en muchas tierras y pueblos.
Zarcillos, al girar en espiral hacia su árbol de Jesé,
enroscan sus retoños alrededor de un rey ungido
que se aferró a su poder como
una enfermedad voluntaria del tiempo
mientras que el aire de la nave era alto
con polvo entre las columnas,
vivo con la mortalidad de la luz.
Y, sin embargo, la tumba en Palestina,
y todas estas tumbas de clavículas de mártires
y uñas y dientes en mandíbulas
grises de las esperanzas de los peregrinos
nunca fueron de los espíritus que persisten
sino las tumbas de derrotas anteriores simplemente
donde yacen, la promesa de la piedra
y el vidrio y la luz que cae
y, sin embargo, es una forma de rezar.

Incluso el tráfico distante es un
suspiro mudo de algo diferente,
distante del día a día

más allá del casi silencio del
lenguaje sagrado inseminado aquí
entre tantos colores proyectados
por su manto de noche. Pero aun aquí
nuestro sacrificio está en las palabras que se arrodillan
ante muy otros terrores.

IV

—De vuelta a lo nuestro.
Esta es una historia (demasiado simple para ser fácil)
del decaído código de pensamiento
que en las grietas y tropiezos de nuestro ser
puede encenderse de repente
como una alta águila,
afilado en las relegadas pasiones del ala,
cabalgando a través del obediente poder del viento.
Aturdido por una llamada a
donde el cielo puede respirar, dando vueltas
en la espiral de su atrevimiento solitario,
baja la mirada con ojos penetrantes
un momento hacia su otro ser y sus traiciones,
sus amores, sus ganancias y palabras,
todo perdido tras de las pequeñas desolaciones de todos los días.

Hay demasiadas pisadas recorridas desde
la luna renovadora
cuya carne desgarrada siempre
es puesta a enfrentarse al crudo impedimento
hacia la que tropezamos,
el cerebro naufragado y acunado
que sostuvo este momento en sus
costillas de dolor bajo un severo laurel.

Todos los fantasmas se han ido,
la sangre del fénix devorada
en su propio fuego, el solitario fuego del poeta,

quien pronuncia sólo palabras
sobre los huesos de la juventud dispersos como las
tumbas inclinadas entre la nieve
y la lengua del viento sobre las colinas.
Acechamos ahí hombro con hombro
el tránsito de la esclavitud a nosotros mismos,
esperando que la mano del amante se escape,
súbita como una catástrofe,
en la falta de respiración vacante,
sabiendo que, detrás de las puertas entreabiertas,
hay sólo cámaras vacías.

Debajo del largo flujo de introspección,
el río de Heráclito se abre camino
hacia las largas aguas que cercenan la tierra
y cada uno de nosotros hacia la escisión de nosotros mismos.
Aquí el dinero pierde valor en espiral descontrolada.
Simplemente agregando nada a medida que pasa
demasiado rápido en cada soplo.
De mano en mano cada nota
nos compra un momento antes de la caída del sol,
descarga del verano de San Miguel, aquí en las rocas
enfrentando por fin el rocío que humedece
el alma en finis-terre.

V

Los campos y los árboles, el cielo,
nos rodean en este anochecer; este y no otro.
La ruina profunda del carmín
parte el aire y lo enviuda
en las cuencas de su cráneo.
Las estrellas no lanzan luz alguna
disminuidas por millones
en medio del lamento de tanta pérdida.
Incluso los hijos de reyes vienen aquí
y lanzan sus coronas contra
la espuma y ríen su risa
y lo que su risa sabe se dispersa
cuando lo arrojan a las aguas diseminadas de gaviotas.

        Justo aquí,
en el borde de todo pensamiento;
        justo aquí, los campos y los árboles, el cielo,
el declive y el encorvamiento de nuestro anhelo por el sol,
lo real y el color de la luz,
se consumen en una síntesis de maleza y hierba cana.
        Justo aquí, la zona recurrente alrededor de la jaula
de tiempo y cielo y tierra fusiona
su nostalgia al entrar en contacto con el viento y la lluvia,
y aquí,
        justo aquí, se rinde a la garra espiral
del anochecer, ya que sabe que el turno de la calidez
regresa sólo para los otros.

Luego –mientras los pescadores bogan desde la orilla
con remos dorados contra la penumbra
malva de las olas,
más allá del eco apagado de una boya–
un pájaro, un cisne quizás, ungido
en la blancura de su vuelo
enciende la nieve que cae y él empluma
en una especie de ángel que avanza volando
en el anhelo de una media nube,
aquí, en el anhelo de la mente inmóvil,
en el lejano oriente y en el fin del mundo;
fin del mundo para todos nosotros en finis-terre.

VI

Porque nosotros
aquí en las rocas
hemos caminado las millas altas, millas largas,
millas bajas y fangosas bajo las constelaciones
entre incipit-terre y nosotros,
        hemos visto el mundo quedarse
donde estuvo;
        hemos dejado atrás al ahorcado,
visto el petirrojo engullir un gusano,
el halcón contra el sol, su ojo acechante
demasiado agudo para las altas nubes,
y visto el diente y la garra en la sangre;
        hemos pasado los
árboles en la gloria esperando temporales de otoño
y tormentas de nieve.

Porque hemos
        visto demasiado
y no lo suficiente, escrito hacia nuestras tumbas
sobre las que el cincel graba
–cuáles son los grabados del cincel–
en nuestro paisaje de nieve, inclinado
como nuestros pasos antes de la próxima caída, intentando perder
nuestras pocas palabras a través de un diluvio de cristales,
encontrando apenas un naufragio fantasmal,
arropados bajo lo poco que hemos perdido del lenguaje
como si fuera un manto. Este es el glorioso
momento del mundo, mojado en la propia tinta

que enreja nuestras venas y da a la vida otro paso,
otra marca, antes de que la tierra que nos ama
nos lleva consigo y los cielos, al caer, nos cubren.

Mientras nosotros,
            que no podemos volvernos una vez más,
engañados por la memoria, nos ahogamos
dentro de un juego que nosotros, como sombras,
configuramos, habitamos, nombramos
mientras nosotros,
            que no podemos volvernos,
tanteamos en la prohibición
de la mirada retrospectiva,
los recuerdos de imposibilidades
acres en la tierra puede convertir –debe convertir–
el sabor de la vida en el regusto de la sal
y la seca apetencia de la lengua
por las aguas de ese acre océano.

Y nosotros que gargoleamos en busca de aire,
sabemos sólo que el silencio puede perdurar
entre nuestra sangre y sangre,
entre el primer grito
y la última tos de cenizas
y el color del vino muriente sobre el oeste;
sólo conocemos la mano eterna que nos dirija
a la orilla en finis-terre.

No hay polvo en este cielo vivo de sal,
el color del oleaje de los océanos al mediodía.
Las gaviotas son corceles blancos arrojados y espuma
más allá del borde invernal de lo que es visible,

arando el viento mojado para su fruto muerto, salino;
el mineral que escuece la lengua para degustar
sus numerosas pérdidas lejanas.

Remamos los largos mares hacia el cielo, hacia el oeste
en nuestra pálida mirada, siempre incapaces de enfrentarnos
contra sus amenazantes mandíbulas siempre que
todo al aparejo inarmónico
quede atrapado por los vientos jadeantes
nunca
        jamás podrá aspirar
pero se sueña desde todo lo que teme
allí tras de sí
        una parte de todos sus futuros
rodeando la costa cada vez más cerca mientras oscurece
en una nada más allá del último
temblor de un dedo del pie o la tierna cáscara de un dedo,
caricia y modulación de la mano y la palma
de un roce y una sonrisa y una lágrima.
Besar y fracasar es todo lo que queda
de nuestra herencia
y menos
en esta escarpa
aquí en finis-terre.

VII

Y aún
            y aún
esa promesa de la última costa tiene su
fuerza de recuerdo justo detrás de la cara de los días
–no para él– porque él ahora casi no es ya de sí mismo...
sino para el ojo del mediodía cuyo dedo, cegado por la página,
puede rastrear el discurso de su paisaje;
para el poeta que puede encontrarse con este peligro
y sus silencios y, en su peligro, encontrar la salvación.

            ¿Por qué sólo en este
momento desierto,
            solitario como
el lamento oscilante de una baliza
            solitario como nuestros pies que pisan
su memoria de largo camino de naufragios
y lanza de la luz de las estrellas?
            ¿Por qué sólo en esto: vacío detrás de la imagen,
murmullo detrás del canto,
los labios arriesgan su voz aún pequeña
en el viento y el terremoto y el fuego,
en palabras?
            ¿Por qué sólo en esto:
debe uno que conocía este lugar desde antes
y siempre antes
conceder el ascenso y caída; *cotidie morimur*
el murmullo de su marea hablante
y nada más?

Porque aquí, por fin, el mundo está desplegado,
vuelto a la ausencia de pulso y fino,
fuera de lo que todavía podría decirnos,
aunque sólo nos dice la amenaza de las olas
y palabras a medio sonar que la boya
todavía lamenta a través de ellos.
Porque aquí incluso esta marea, última voluntad y ola,
en las ahogadas corrientes de su llamado
canta, sí, debe cantar a través de las rocas
y hacia más allá, donde se pueda escuchar
por otros a través de su lamento.
Nuestras palabras no son portadoras de una voluntad
sino sólo la voluntad y la ola bien inconsciente
del imperativo que debe obedecer.

El pavor es la raíz de la belleza, el fusible y la flor,
de la verdad y todos los dioses,
que gira sobre sí mismo desde el Hades mientras la notación
de su amor mira hacia atrás y ese hilo único
cae de sus dedos, se convierte en sal.
Ahí la palabra muere en la última
exhalación de labios de su canción
y canta sólo de esta exhalación
mientras pasa *in saecula saeculorum*,
que es el momento, elemental, conocido,
transcrito antes y siempre antes.
Cada ídolo debe agotar su falta de poder
tomando lo que se le concede, perderlo
y dejar sólo la palabra como ofrenda,
como lo fue Ifigenia ante la espada del destino,
como lo fue Eurídice y la última estatua,
salina y silenciosa sobre un pico en finis-terre.

Hay otro eco aquí, anterior,
el eco del retorno;
el olor del bacalao y de pimientos.
Pulpo en madera con sólo un estremecimiento de sal
es todo su color cuando el sol de verano indio
se cierra alrededor de nosotros y la cerveza se calienta lentamente.
Las sombras están siempre debajo de las cosas
como sabe la luz y su rápido movimiento estremecido
juega con nuestro morir como una melodía sostenida a medias
entre la brisa también sabrosa de sal de las cabrillas
que juegan entre las *mejioneras* en la *ria*.

Y siempre fue así y es, porque esto nos precedió
en toda la acre audición del ojo
y aún permanece dentro de las certezas del no retorno,
es el «yo soy» más allá del silencio, mudo;
la llamada que no puede y aún debe
y de repente con facilidad.

VIII

La medianoche, casi sin luz, también tiene sus colores.
Todos los muebles de miríadas de prismas
de cada ojo, retenidas en lo profundo
y sombras que hablan y niegan
palabras y todos sus mundos y otras verdades
de las que podemos ser liberados, apartados,
llegar a nosotros sobre ese agudo remache de silencio.
Por lo tanto, el enorme acto de inmovilidad nos envuelve
segregados, biselados dentro del ser,
que es el milagro que las palabras pueden ayudar a realizar.

Así escribe el poeta
no con la pluma
sino con la mortalidad entre las yemas de sus dedos,
presa de las dudas que la piel comanda
a cada larga aspiración de aliento;
y, así, contra la muerte de hacer nada
puede colocar con terrible cuidado cada palabra
contra el olvido.

Somos los oscuros consumidores de las expiraciones austeras
de sus palabras que comen en nuestra poética
de declive y deja a nuestras lenguas sin habla,
la puerta entreabierta de modo que la mirada más allá,
hasta donde el fuego crudo está blanco de nuestras
imposibilidades y todos los tumultos de la
mente fragmentada con el signo que sostenemos
contra la garra y la combustión de nuestro desafío.

IX

Y ahora
y aquí
la misma palabra: recordar
no puede empuñar su espada contra la marea circundante
donde el pájaro cae del aire inmóvil
de garras repentinas y sangre y pico
y silencio por conocer.
Y luego otra vez al pájaro
la ráfaga lo zarandea al subir
y erra hacia atrás con Orfeo en la llovizna
de vuelta en el Hades,
vuelve a bajar esos pasos y ladrillos
grabado en la imagen de las últimas cosas
y no debe mirar hacia atrás
recuerda
no debe
–como Caín ha hecho su trabajo
sobre su hermano, hermana, hijo,
y toda la humanidad–
de vuelta al Hades,
bajando los pasos
hacia la vieja realidad de ese engaño
donde la dispersión suena sus notas
inaudito pero encadenado,
inconsciente del fuego que arde atrás
y los modelos de los engañadores
nos hacen creer en sombras
y temblor de los ecos.

Sólo la palabra, caminando su necesidad,
puede llamarnos de regreso y dejarnos
el enigma de su ausencia.
¡No hay que recordar esto!

Pues cada penumbra tiene apenas los colores
que el aire permita en la fiesta del sol
como cada fusión verde aprende
las simples glorias de cada respiración,
su lugar en el confesionario
vislumbrado desde la luz que cae.

Y solamente más tarde, alto y más alto,
el pájaro de nieve aletea sus casi solitarios
alcances de la oscuridad,
siempre apropiado para el aire que navega
y, mirando hacia abajo cada vez más,
alarma a las legiones de zombis allá a lo lejos
que se dirigen, cada una, hacia el crepúsculo lunar
y a lo largo de las aguas bajo la sombra
de su ala contra la luz que cae.

El Heraldo de la noche, bruñido
en el humo aleteante de las llamas perdidas y los colores,
arranca al recuerdo mental de las sílabas y el silencio,
el recuerdo de las olas, el recuerdo de la larga arena marrón
en finis-terre reflexionando sobre la muerte de demasiados
/ hermanos:

los tres en sus altos patíbulos
en esa colina embrujada,
aquellos, muchos, ahora olvidados
que el largo divorcio ha atrapado

en la oscura desolación de otros otoños,
la búsqueda de ellos y de Orfeo
por un algo que no sabían,
perdiendo cada uno un mundo en las vacías
cuencas de reverberación;
porque cada uno tiene su Gólgota.
Dimissis peccatis nostris.

X

Estrella de la tarde
            –Hespéride–
y lanza de plata impresa
en los oscuros párpados de las ventanas nocturnas
que brilla en la cara de todos los alcances del océano,
se desvanece en la ceguera.
Este es el jeroglífico del silencio
y el sueño muerto que cada pasado,
pasando, ha esperado
retirándose a ese siempre ya
repentino y declamatorio momento del
poder sacrificial de la palabra abandonada
            –*sabactani milta*–.
Sin embargo, está dado.

Alta marca de marea contra el derrame
de una niebla cercana húmeda en la piel
es cormorán contra las profundidades devoradoras
y légamo que se desplaza entre
agua y aire, entre nuestra tiniebla
y saber.

Y así el poeta, a quien falta la música para hacer algo más
que cerrar suavemente los ojos y besar el vacío,
sabiendo que la piel es como una cáscara de huevo para
la blancura propia de sus huesos, llora
y su lamento, sin palabras,
siempre al borde de la flagelación de las anchas aguas,

capta el ácido sabor de la dureza y su peligro
y no puede girar,
        –porque la ceguera es el secreto aquí–
y no puede girar
para ver lo que ha hecho
y dejado sin hacer
pero en ese fracaso responde
en el silencio aquí
        –y siempre, siempre, aquí–
entre las rocas rotas
y los mares que rompen en finis-terre.

Él no puede, y el gran cisne de los ángeles
no puede, como los gallos del Hades
cacarearle entonces por una nueva mañana.
Sólo la musa puede pisar las rocas
        –las rocas muertas y sacudidas por las olas–
con él en peligro a un nuevo contrapunto
y desnudez repentina de carne y ojo
y palabra
        y palabra.

Notas

Dedicatoria: *xa se oien lonxe, máis lonxe / Cada balada é un dolor* o «Se puede escuchar ya, lejos, muy lejos; / cada balada es una angustia», son versos de Rosalía de Castro, de su poema «Adiós, ríos; adiós, fontes», de *Cantares Gallegos.*

p. 19
certainement subsiste un preésence de minuit o «sin duda una presencia de medianoche subsiste» es de Stéphane Mallarmé: *Igitur,* Cuatro Piezas, No. 1, «Le Minuit».

p. 31
cotidie morimur o «morimos cada día» es de una de las Cartas a Lucilio de Séneca, en: *Epistulae Morales ad Lucilium,* Libro 3, Carta 24.

p. 32
silenciosos en el pico de finis-terre es una alusión a «silencio, tras un pico en Darién», de «Al examinar por primera vez el Homero de Chapman», de John Keats

p. 36
El largo divorcio es alusión a «el largo divorcio de acero», del *Enrique VIII* (2.1.77.) de Shakespeare.

Dimissis peccatis nostris: «Perdónanos nuestros pecados», de Lucas 11:14.

Parte de la sección IX refiere a la alegoría de la caverna de Platón.

p. 37

Mellta Shabiqta es «la palabra renunciada» en arameo, y se refiere oblicuamente a las últimas palabras de Jesus en la cruz en Mateo 27:46 y antes en el Salmo 22: 1.

Índice

www.ingramcontent.com/pod-product-compliance
Ingram Content Group UK Ltd.
Pitfield, Milton Keynes, MK11 3LW, UK
UKHW040028200726
13854UKWH00001B/415